AF288207

1

Funda R. Özbay

Tagträume
und mehr

Texte und Gedichte
von 1994 bis 2008

© 2008 Funda R. Özbay
Herstellung und Verlag: Books on Demand
GmbH, Norderstedt
ISBN: 978-3-8370-7904-3

Inhaltsverzeichnis

Tagträume

Deine Augen
verraten dich
Die Stille
richtet über dich
Die Zeit
formt dein Geist
Träume nicht

Asphalt

Tausend Stimmen,
die ich höre,
verstummen
Tausend Augen,
die mich sehen,
erblinden
Weiße Rosen duften überall,
was vollkommen schien
auf dieser Welt,
bevor auf den nassen
Asphalt ich prall

Welch ein Tag

Welch ein Tag,
denk ich mir
Die Sonne scheint
Die Vögel singen
Jedermann ist glücklich
Nur ich nicht

Welch ein Tag,
denk ich mir
Es blitzt
und donnert
Es regnet überall
Jedermann ist unglücklich
Nur ich nicht

Welch ein Tag,
frag ich mich,
ist der Tag,
an dem ich
sterben kann
Wenn ich glücklich
oder
unglücklich bin?

Zwischen Leben und Tod

So fühle ich mich
Zwischen Leben und Tod
Weiß nicht
wohin und warum

Manchmal
bin ich ein Geist, den niemand sieht
oder sehen will

Manchmal
stehe ich im Mittelpunkt
und jeder schaut mich an
und redet über mich

Manchmal
wünsche ich mir,
ein Geist zu sein,
weil mich dann niemand stören kann

Manchmal
wünsche ich mich,
gefragt zu sein
und jeder schaut mich an

Ich weiß nicht
wohin ich gehöre
Ich stehe hier
zwischen Leben und Tod
Und weiß nicht
wohin und warum

Frei

Frei sein will ich
wie ein Vogel, der fliegt
Rein sein will ich
wie das Wasser, das fließt
Leben will ich
auch ohne dich
Frei sein will ich ewig

Schön sein will ich
wie eine Nelke, die blüht
Wild sein will ich
wie ein Löwe, der brüllt
Frei sein will ich
wie der Wind, der weht
Frei sein will ich
wie ein Traum,
der vorüber geht

Das Ende

Hoch oben stehst du
Ganz allein, nur mit dir selbst
Schaust nach vorne
In die Dunkelheit
In die fremde Welt

Leben willst du
mit Liebe, Glück und Spaß
Schaust nach unten
In die Tiefe
Mit dem Gesicht voller Hass

Ein kleiner Schritt
in die Ewigkeit ist
ein Start ohne Wiederkehr
Aber das Ende der
ewigen
Einsamkeit

Ein Grab

Ein Grab
im fernen Land
Fern vom eigen
Fleisch und Blut

Ein kurzes Leben,
ein Sonnenschein
Ein lächelndes Gesicht,
unschuldig und rein

Ein Grab
im fernen Land,

das unter fremder Erde
die Ewigkeit fand

Fern vom Vertrautem
Fern von mir

Meine Gedanken sind bei dir

Das Unsterbliche

Der Körper liegt da,
bewegungslos, starr,
tot

Der Körper,
so wie Gott ihn erschuff
So rein und unschuldig
und leer

Das Unsterbliche
hat ihn verlassen
und irrt umher

Sucht ein neues Opfer
Einen neuen Körper,
in dem es weiterlebt
bis dieser stirbt,

und das Unsterbliche
wandert weiter

Auf der Suche
nach dem nächsten
Opfer,

nach dem nächsten
Körper

Panik

Die Bahn kommt
Elf Minuten zu spät
Kaum steht sie still,
wünschte ich mir,
ich hätte mein Fahrrad genommen
Zu viele Gesichter, die mich erwarten

Ich stehe neben zwei Minderjährigen
Zwei Türkinnen mit Kopftüchern,
die offensichtlich nicht wissen,
warum sie welche tragen,
denn ich sehe ihre knallenge Kleidung
und die vielschichtige Schminke im Gesicht
Scheinheilige in meinen Augen

Drei Haltestellen und acht Minuten später
steige ich erleichtert aus
Meine Freude währt aber nur ein paar Schritte,
denn danach muss ich
drei junge Türken dabei beobachten,
wie sie ihre Männlichkeit beweisen,
indem sie auf die Straße spucken
Ich gehe an ihnen vorbei
und wünsche mich,
sie würden daran ersticken
Zu viele böse Augen,
die mich nicht wahrnehmen

Heute ist nicht mein Tag, stelle ich fest, als ich um
die Ecke biege
und meine Kollegen sehe, wie sie den
Firmeneingang blockieren
und eine Raucherversammlung abhalten
Ich gehe langsam, in der Hoffnung, sie würde sich
auflösen
Aber zu meinem Glück stehen sie noch da
und warten auf mich
Sie begrüßen mich, und ich versuche, den Eingang
zu finden
So schnell wie möglich

Gizems Reisen

Träume süß
von einer heilen Welt
Schmeckt
wie Schokolade, nicht nach Geld

Ich muss träumen,
wenn ich leben will
Ich wein und lach,
ich bete still

Für ein buntes Leben
in einer grauen Welt
Doch will ich nicht das hinnehmen,
was ein anderer für gut hält

Alltag

Ich weiß, ich werde es bereuen, aber ich mache es trotzdem.
Ich frage Mutter, ob ich mit Orhan ins Kino gehen darf.
Sie sieht mich an, fängt an zu lachen
Ich wusste es. Sie sagt nein. Natürlich.
Ich mache die Tür hinter mir zu, gehe die Treppen hinauf in mein Zimmer.
Sie lacht immer noch.
Ich lege mich auf mein Bett, ziehe die Decke bis zum Kinn und starre auf das Bild von meinem Goldblümchen, das an der Wand neben meinem Kissen hängt.
Er sieht mich an. Er ist wunderschön.
Ich denke an Orhan. Ich muss ihn anrufen und absagen. Schon wieder.
Was wird er denken?
Wieso habe ich Mutter eigentlich um Erlaubnis gebeten?
 Ich wusste doch, dass sie nein sagt. Das tut sie immer.
Ich verstehe das nicht. Ich will doch nur ins Kino und mir diesen wahnsinnig guten Film anschauen.
Zusammen mit Orhan.
Er würde bei mir sein und mit mir lachen.
Dann würden wir später irgendwo sitzen, Cola trinken und uns über den Film unterhalten.
Unsere Gedanken austauschen.
Wieso versteht Mutter mich nicht? Was erwartet sie, was passiert?
Vertraut sie mir nicht?

„Ich werde morgen vor dem Kino auf dich warten", sage ich.

„Nicht, wenn ich zuerst da bin", sagt er.

Ein Zauberspruch

Süße Seele
ergebe dich mir
auf dich warte ich
nähere dich mir
Atme die Zeit, riech die Nacht
sei mein, wenn der
Tag erwacht
In deinem Herzen hast du mich
Nur dich will ich, denn ich liebe dich

Die eine große Liebe

Sehe ich dich,
rast mein Herz
wie verrückt
lebe ich, sag
wie kann ich leben
ohne dich
Fühle ich dich
ganz nah bei mir
sterbe ich, sag
spürst du es nicht
innerlich
sehne ich mich nach dir
bebt mein Leib
höre ich dich
weiß ich, ich liebe dich

Herbst

Oktoberwind
  begrüßt mich am Morgen
Reell wie wir sind
  fühlen wir uns geborgen

Lieben blind in den Tag hinein
  leben stumm den Traum
Anderer und sind ganz allein
  mit Tausenden in einem Raum

Nachts weine ich Tränen
  aus Angst, dich zu verlieren
Denke dich ganz nah bei mir, unter Sternen
  und höre ich auf zu existieren
      im
Oktoberwind

Vig

Ein warmes Flüstern,
wie eine süße Brise im März,
streichelt meine Haut
Es ist Vig, mein Herz

Ein stilles Wort,
wie ein süßes Geheimnis der Welt,
berührt meine Seele
Es ist Vig, mein Held

Ein lieber Kuss,
ertrage es kaum,
süß wie der Dezember,
den ich nur erwidern muss,
denn es ist Vig, mein Traum

Im Dezember

Stehe still im weißen Schnee
  und träume vor mich hin

Eine eisige Kälte streift mein Gesicht
  Ich weiß nicht, wer ich bin

Allein sein verlang ich nicht
  Tränen vermisse ich keins

Nur dich will ich bei mir,
  anderes nenne ich nicht meins

Blicke hoffnungsvoll in die Ferne,
  lebe jedes Wort leise und laut

Einzig deine Nähe will ich spüren,
  deine Nähe fühlen auf meiner Haut

Alles und jedes schwindet dahin
  Wenn ich dich nur ansehe

Nirgendwo ist es schöner als bei dir,
  drum küsse ich dich, bevor ich gehe

El

Engelsaugen
strahlen ozeanblau
Sie
lesen meine Gedanken
Sie sehen mich an

In der Morgendämmerung
warte ich
Jahr für Jahr sehnsüchtig
auf dich

und erinnere mich
an die blauen Engelsaugen,
die mich liebevoll anschauen

Ich bitte dich
Halte mich, bevor wie gehen

Vorjul

Im Winter
verlor ich mich

hoffnungslos

in deinen Augen

Ich träumte mich
in deine Arme

und weinte innerlich

daWenham

schrie mein Herz

ich liebe dich

Spaziergang

Trügerische Blicke
verfolgen mich
überall,
bei jedem
meiner Schritte
durch die Straßen

Menschen
begegnen mir
auf meinem Weg

Ihre Augen
verraten
ihre scheinheiligen Taten

Fremd
fühle ich mich hier
Nicht dazu gehörend

Allein

Will fort
aus dieser Welt
um jeden Preis

Todesengel

Ich vermisse
deine strahlenden
braunen Augen,
die mich
glücklich ansahen.
Ich vermisse
dein hübsches Lächeln,
das mich verzauberte.
Ich vermisse
deine süße Stimme,
die mich beruhigte.
Deine Lippen,
die mich zärtlich küssten.
Deine Arme,
die mich festhielten.
Ich vermisse
das Gefühl,
das ich hatte,
wenn du bei mir warst.

Elf

Verloren bin ich in einer Welt
    voller Träume ohne Ende
Illusionen bilde ich mir, in
    meiner Verzweiflung, wegen dir
Nur du kannst mich verzaubern
    Verführst mich mit deinem
Charme, mit deinem Lächeln,
    mit deinen blauen Augen
Ein kurzer Blick von dir lässt
    mein Herz höher schlagen
Vergessen bin ich in einer Welt
    voller Schmerzen und Plagen
Auf der Suche nach Liebe, Güte
    und Zärtlichkeit, verfolgt von der
Ungewissheit, die mich befürchten lässt,
    dass niemand mich versteht, meine
Gefühle ignoriert, mein Herz zerbricht
    Nur du gibst mir die
Hoffnung, die ich brauche, um
    mein Leben zu leben
Nur du bist das Licht und die Wärme
    in meiner dunklen und kalten Welt

sign T

Verbotene
Gefühle
empfinde ich
für dich,
wenn ich
in deinen Augen sehe
und
deine Stimme höre
und mich
jedesmal erneut
in dich verliebe
Und jede Rose,
die du verlässt
auf deinem Weg,
bringt mich
einen Schritt näher
zu dir,
und mein Traum
wird endlich wahr

ScoBa

Wenn ich mich
in deinen Augen wiederfinde,

deine Seele fühle
auf meiner Haut,

weiß ich, dass ich lebe

und schreie in die Nacht
hinein und laut,

dass ich dich liebe

MiRo

Ich liebe dich,
wie der Mond die Sterne,
wie die Sonne die Erde

Ich will dich küssen,
wie die Nacht den Morgen wachküsst,
wie der Wind den blauen Ozean

Und wie ein Engel, der zu mir spricht,
dessen Worte durch die Mauern hallen,

weiß ich eins gewiss,

ich bin dir verfallen

Mondlos

Feuchte Hände
Warme Gedanken

Eng umschlungen
am Feuer

Nackte Körper
Nasse Haut

Wilde Küsse
in mondloser Nacht

Mord

Es tut einen letzten Atemzug,
bevor es fällt zum Opfer
menschlicher Zerstörungswut

Und wenn Blut strömt aus ihm,
denkt er hinterher,

seine Aktion war mehr
als nur gut

Newman

Dein Bild in meinen Händen
Nichts scheint mir geblieben

Nur Erinnerungen
Und das Bild

Von einem Traum,
der Wirklichkeit wurde

Himmelblaue Augen
Ein Lächeln

Nichts als Schmerzen

Um uns herum
die Welt, die sich dreht

Ich träum
und wach nicht auf

Stahl

Träume im Überfluss
Kein Ende in Sicht

Ein Abschiedskuss,
der die Mauer bricht

Unerfüllte Träume
Ertrage es kaum
Tag für Tag
der gleiche Traum

Morgen warte ich,
versunken in deinen Armen,

auf den Donnerschlag
und sterbe innerlich

Chaim

Ich blickte in deine Augen
im Januar
Du versprachst mir die Welt
im Februar
Ich schenkte dir mein Herz,
war blind vor Liebe
Als du fortgingst im März,
träumte ich noch von dir

RoPa

Gedanken
widerhallen

im tiefsten Ozean

Ein unsterbliches Wort
wie ein Hauch
einer Berührung

ergänzt meine Seele

Ich such und
find dich nicht

JeyPee

Verborgen
im Dunkel der Zeit

    Verfolgt vom Leben,
bereit für die Ewigkeit,

    widerstehe alles
    und jeden

Wandle ungewiss
und allein

    durch die fremde Welt

im Mondschein,

suchend nach dem Weg,
    der mich zu dir führt

Silvester

Tanzendes Feuer
am Nachthimmel

    der Liebe für

Sterne explodieren
wie mein Herz,

weil ich deines spür

Im Mondschein lach
und wein ich hier

Danke Gott für die Welt

denn ein neues Jahr
beginnt mit dir

Immerzu

Jeden Morgen
wach ich auf,
mit dem Gedanken
an dich.

Jeden Mittag
sehe ich dich an
und weiß, dass ich
ohne dich
nicht leben kann.

Jeden Abend
gehe ich zu Bett,
mit dem Gedanken
an dich,
und freue mich
auf morgen.

Obsession

Ich denke an ihn,
mein Herz rast wie verrückt
Wie schmerzvoll ist es zu wissen,
dass er
unerreichbar für mich ist
Ich denke an sein
bezauberndes Lächeln,
so vollkommen und faszinierend
Seine Augen
Strahlend braun, geheimnisvoll,
ehrlich
Wünschte,
er würde meine Hand halten
und mir das Gefühl geben,
ihm zu gehören
Wünschte,
ich könnte ihm
meine Liebe offenbaren
und sein Herz gewinnen

Der Mensch

Er kam,
sah
und nahm alles,
was nicht ihm gehörte

Er tötete,
stahl
und siegte
wie ein Mensch

Die Elemente

Die Luft,
wertvoll
und
unzähmbar

Das Feuer,
wertvoll
und
gefährlich

Das Wasser,
wertvoll
und
erfrischend

Die Erde,
wertvoll
und
fruchtbar

Das Leben,
wertvoll
und
vergänglich

H wie Heimat

Hier bin ich zu Hause,
    fühle mich wohl und sicher,
      geborgen

Ein Ort, wo ich hingehöre,
    wo mein Herz ist,
      wo mein Leben ist

In meiner Heimat find ich mein Glück,
    meine Zuflucht, mein Frieden,
      meine Liebe

Möchte sie nie verlassen, will sie
    nie vermissen, meine Heimat,
      meine Heimatstadt

Allein hier gehöre ich hin

Tage, Nächte, jahrelang
    verbrachte ich mein Leben hier,

    hier in Duisburg,

      meine Heimatstadt

Sehnsucht

Du bist mir nah
und doch so fern
Ich wage es zu hoffen
und doch fällt es mir schwer
dich anzusehen und zu wissen,
dass es keine Zukunft für uns gibt

Gedanken an dich,
so real und doch
nur ein Traum,
der mir bleibt
wie die Hoffnung
in deinen Armen zu liegen,
deine Wärme zu spüren,
mich in Sicherheit zu fühlen
in deiner Nähe, geborgen

Werde verrückt
vor Sehnsucht nach dir
Bin verzweifelt,
weil ich weiß,
dass ich dich liebe,
aber nicht begehren darf

H wie Heimat 2

Halb deutsch, halb türkisch
ist das Herz
Hin- und hergerissen
zwischen zwei Kulturen

Eine immer wieder gestellte Frage
nach der Herkunft
Sinnlos die Bedeutung,
die erwartete Antwort

Fremde Traditionen, die einen verfolgen
Nicht wissend, ob richtig oder falsch
und kein Ende in Sicht

Weiß nur

Mein Herz schlägt
daheim
und nirgends

Der Mond schaut zu

Als ich aus dem Fenster hinausschaute, erwartete ich ein vertrautes Gesicht zu sehen, doch das Geräusch, das ich vorhin gehört hatte und weswegen ich aufgestanden war, stammte von einer Katze, die auf unserem Apfelbaum hinaufgeklettert war.

Ich beobachtete das Tier, das versuchte auf das Dach des Gartenhäuschens, das direkt neben dem Baum stand, rüber zu springen. Es gelang ihm.

Der Mond schien heute sehr hell.

Und wunderschön.

Ich setzte mich wieder an meinem Schreibtisch und nahm mein Tagebuch in die Hand. Ich blätterte darin herum und fand die Seite, die ich meinem Freund gewidmet habe.

Ich las das Gedicht, das ich ihm geschrieben habe, laut vor, und ich stellte mir vor, wie er darauf reagieren würde, wenn ich ihn heute Abend damit überraschte. Es war ein schöner Gedanke.

Ich war glücklich. Mit meinem Leben. Zufrieden mit dem, was mir die Welt anbot. Und sie bot mir die Zukunft an.

Ich sah in die strahlend braunen Augen eines jungen Mannes, der mein Herz mit seinem Blick eroberte.

Endlich bist du da, dachte ich.

Er kam auf mich zu, legte seine warmen Hände auf mein Gesicht und ließ mich seine Liebe spüren.

A sunday evening

It was a sunday evening
I came out the door
and you were standing there
with a smile on your face

Suddenly I knew
you were the perfect man
The man of my dreams
The man I have been waiting for

Then you looked away
and I saw another girl
with a smile on her face
You kissed her and I felt
a glow in my heart

A fire was burned
It was a sunday evening
I found somebody
and lost him again
on the same day,
in the same minute

Gedicht ohne Namen

Schön ist das Lächeln eines Menschen,
der dich verliebt ansieht, und er weiß,
dass du ihn glücklich machst.

Schön ist eine rote Rose, deren Pracht
dir Glück und Freude schenkt.

Schön ist der Schlaf, der dich in die
Fantasiewelt bringt, der dir das
Unmögliche träumen lässt.

Schön sind die bunten Farben eines
Regenbogens, der Frieden ausstrahlt.
Schön ist der Mond, dessen Scheinen
geheimnisvoll und unschuldig wirkt,
der dich fasziniert und beruhigt.

Schön ist der Planet, der so viel Leben in sich hat.

Schön ist das Leben, das wir genießen dürfen.

The Meaning of Love

Once upon a time
Not so long ago
I looked in your eyes and
I fell in love with you

I know the meaning of Love
I have known it for years
And it broke my heart
In thousand parts
You can see them in my tears

I want to show you my Love
I want to call you mine
But whenever I see you
I am speechless
And don't know what to do

Please believe me when I say
I am waiting for you every day
But I think it is time to forget
Because that's all only a dream
That fades away

I know the meaning of Love
It's something special
But my heart is broken in parts
You can see them in my tears
I love you more than I can say
I am waiting for you every day

Die vier Reiter

Aus der Erde
eilt der Erste von vier Reitern
in das Dorf
Er reitet mit dem Wind,
lehrt die Furcht
und bringt den Krieg

Aus dem Wasser
eilt der Zweite von vier Reitern
in die Stadt
Er reitet mit dem Wind,
stiehlt die Hoffnung,
nimmt das Korn
Es wächst die Hungersnot

Aus der Luft
eilt der Dritte von vier Reitern
in das Land
Er reitet mit dem Wind,
atmet den Regen
und haucht dem Leben
erneut die Pest

Aus dem Feuer
eilt der vierte Reiter
mit Qualen in seinen Augen
und durchstreift die Welt
Er reitet mit dem Wind,
bringt Unglück jedem Kind
und sichert den Tod

Die Leere

Eines Tages werden wir
nicht mehr sein
auf der Erde
Die Leere
wird über uns herrschen
Die absolute Leere

Wir sind mitten im Krieg,
wo Menschen
gegen die Natur kämpfen

Und wir
werden gewinnen,
uns aber nicht daran erfreuen,
weil wir keine Zeit dafür mehr haben werden

Die Leere
wird über uns herrschen
Die absolute Leere
auf dieser Erde

Vielleicht fängt danach
ein neues Leben an

Eine zweite Chance

und alles
fängt wieder von vorne an

Die Waffe der Zerstörung

Erinnerst du dich an die schöne Zeit,
    die wir hatten?
Bevor die Bombe alles zerstörte, was uns
    glücklich machte?
Manchmal, wenn ich traurig bin und allein,
    schaue ich nach
Oben. In den Himmel. Zu den Sternen und
    erinnere mich an die
Bombe, die alles tötete, was ich liebte.
Manchmal frage ich mich, warum das
    alles geschehen musste.
Oder wie es geschehen konnte.
Tag und Nacht liege ich wach im Bett
    und erinnere mich
An die schöne Zeit, die ich mit dir hatte.
Einst dachte ich, dass uns nichts auf der
    Welt trennen könnte.
Ich habe mich geirrt.
Die Bombe konnte uns trennen.

Der Mörder

Er wusch sich die Hände

während er sein Gesicht
im Spiegel betrachtete.

Er hörte die Geräusche
aus dem Nebenzimmer.

Wusste, sie waren von seinem Opfer.

Er grinste sich an,

trocknete je einzeln die Finger
mit dem schneeweißen Handtuch,

warf es in den
mit Blut bedecktem Becken,
ging in den nächsten Raum.

Sie lag auf dem Boden. Blutend.
Starrte an die Decke.

Er lag neben ihr. Tot.
Mit dem Messer im Rücken.

Der Mörder schaute seinem Opfer in die Augen,

horchte sein Flehen um Gnade
und beendete lachend sein Werk.

Erregung

Das Blut fließt wie ein Strom aus ihrem Körper.
Ihre Augen starren den Himmel. Als ob sie suchen.

Der Wind wirbelt das bunte Laub bis zu den
Baumkronen hinauf.
Ein wunderschönes Naturspiel.

Wolken bereiten sich auf das Finale vor.

Es tropft auf ihrem Gesicht. Sie fühlt den Regen
nicht.
Sie spürt nicht das Messer, das er aus ihrem Leib
herauszieht.

Sie hört nicht sein krankes Gelächter,
als er sein Gesicht mit ihrem jungen Blut
verschmiert

Er berührt die Unschuld ein letztes Mal.

Schenkt ihr ein Lächeln. Und verabschiedet sich.

Chaos

Sie rannte um ihr Leben
Blickte nicht zurück
Sie weinte um die Toten
Weinte um ihr Glück

Er stand still
War stumm, war taub
Sah sich um, sah das Chaos
Sah ein Baum ohne Laub

Es schrie aus Angst
Aus Verzweiflung und Zorn
Es brannten ihm die Wunden
Es schaute nach vorn

Sie hörten es kommen
Sie rochen die Körper
Sie spürten es zusammen
Sie sahen, lasen die Wörter:

Ihr tragt die Schuld
Schuld an dem Chaos, das nun herrscht
Schuld an dem Morgen, der uns erwartet
Ohne Licht, ohne Freud'

Wir wussten, es kam die Zeit
Es kam die Wende
Niemand war bereit
Es war der Anfang vom Ende

Krieg

Finstere Blicke
durchforschen den Raum
der Einsamkeit

Sie suchen in der Stille der Nacht,
in der Zeit der Traurigkeit
nach dem Körper
eines Menschen,
der um seinen letzten Atemzug betet

Es riecht nach Angst
Nach Tod und Gewalt

Himmelskörper
sind Zeugen des Krieges,
der im Land herrscht
und nur das Leid mit sich bringt

Der Krieg
zwischen den Wesen der gleichen Art,
den nur ihre Natur beenden kann

The future

It comes nearer
The future
You must stop and look
What you have done to the world
With your hands and your guns

It comes nearer
The future
It will beginn
A new century
You will have a new chance
To change the daily way of your life

It comes nearer
The future
You must start to give all back
What you did take from the world
With your hands and your guns

It comes nearer
The future
It will bring you the death
You have been waiting for
And it seems that you are
Deserving it

Ich glaube

Ich glaube an eine gutmütige Macht im Universum,
die alles Leben erschaffen hat und die Vielfalt liebt.

Diese Macht hat kein Geschlecht.

Weil diese Macht die Vielfalt liebt,
erschuf sie nicht nur einen Planeten,
sondern ganze Galaxien.

Und da diese Macht,
die ich Allah nenne,
die Vielfalt liebt,
erschuf sie den Tag und die Nacht,
das Meer und das Land.

Weil diese Macht die Vielfalt liebt,
erschuf sie nicht nur den Menschen,
sondern auch das Tier und den Baum.

Und weil diese Macht die Vielfalt liebt,
erschuf sie nicht nur den Mann,
sondern auch die Frau.
Und weil diese Macht die Vielfalt liebt,
erschuf sie nicht nur ein Tier, sondern viele
verschiedene Tierarten.
Nicht nur ein Baum, sondern viele verschiedene
Baumarten.
Nicht nur eine Blume, sondern viele verschiedene
Blumenarten.

Und weil diese Macht die Vielfalt liebt,
unterscheidet sie nichts, was sie erschaffen hat.

Titellos

Ein trauriges Herz
    ganz allein in seiner Welt

Weint Tränen aus Angst,
    kennt

nichts als Schmerz

Wartet auf ein anderes Herz,

    das es ergänzt

Anders

Er trat unerwartet
   in ihr Leben

raubte ihr den Atem,
   brachte sie um den Verstand

Er ließ sie träumen,
   machte sie glücklich mit seinem Lächeln

   eroberte ihr Herz
   mit seinen Worten

Er veränderte ihr Dasein,
   ergänzte sie

Doch es war ihm gleich,
   was ihr wichtig schien

Er brach ihr das Herz,
   er nahm ihr die Freude

und verschwand wie er gekommen war

Schatten

Sie wartet

    im Schutze der Dunkelheit
    auf ihn

der sie rettet
    vor sich selbst

Im Schatten
    zählt sie Minuten, Wochen, Jahre

Sie wartet

    bei Tage versteckt in ihrem Schatten
    auf ihn

der sie erkennt

    trotz der Maske, die sie trägt

Sie wartet und zählt

Eine Sünde

Jedesmal, wenn er mir
    in die Augen schaut,

denke ich, er könnte es sehen

Jedesmal, wenn er mich
    berührt,

denke ich, er könnte es spüren

Jedesmal, wenn er mit mir
    spricht,

denke ich, er könnte es hören

Und jedesmal wünsche ich mir,

    er könnte meine Gedanken lesen,
    und meine Hand halten,
    und mich küssen, weil

er es sieht, es spürt, es hört,

dass er für mich mehr

    als nur

eine Sünde wert ist

Das schönste Geschenk

Ich brauche
    keine Sterne vom Himmel

Nur dich in meiner Nähe

Ich brauche
    weder Blumen noch Pralinen
    noch wertvolles Schmuck

Nur dich, der mich in seine Arme nimmt

Ich möchte dir
    keine Mühe sein am Valentinstag

Nur ein Gedanke, der dich
    zum Lachen bringt, jeden Tag

Ich brauche
    kein Versprechen für die Zukunft,
    kein Ring als Zeichen

Nur dich, der mich von ganzen Herzen liebt

Verliebt

Schmetterlinge im Bauch
Zittern am ganzen Körper

Plötzlich stumm werden,
weil man in seiner Gegenwart nicht weiß,
was man sagen soll

Sich jedesmal in ihn verlieben,
wenn man ihn nur ansieht

Lächeln, weil er lächelt

Sich blöd verhalten,
weil man ihn beeindrucken will

Nur an seinen Namen denken,
wenn man sich eigentlich auf die Arbeit
konzentrieren soll

Den Wunsch haben,
seine blauen Augen
jeden Tag zu sehen,

seine Stimme jeden Tag zu hören

Seinen Namen mit dem eigenen Namen
auf Papier zu verbinden

Salem

Goldig weiß
 Ein kleiner Tiger

Mit Mandel Augen und rosa Näschen
 Ein kleiner König

So frech wie lieb,
 so klug wie faul

Salem ist der heimliche Herr im Haus

Friedlich schläft er stundenlang
 überall und jederzeit

Stolz geht er auf vier Pfoten

 kratzt, beißt und faucht

und bekommt doch alles, was er will,

 wie er weiß

Unwiderstehlich blickt er drein,
 miaut und schnurrt.

Ein Kater müsste man sein

Salem,

 mir das Liebste auf der Welt

Wolken

Ein Funken Hoffnung

    brennt in ihrem Herzen,

das von schwarzen

    Wolken umgeben ist

Sie träumt von ihm

    und strahlt

Wacht traurig auf

    und allein

Sie gibt nicht auf

Unaufhörlich

Noch immer
        denk ich an den Mann,

der mein Herz im Sturm erobert hat,

        obwohl er es gar nicht wollte.

Noch immer
        denk ich an die Lügen,

die er von sich gab,

        obwohl er sie gar nicht erzählen musste.

Noch immer
        denk ich an die schönen Momente,
                die viel zu kurz waren.

Und noch immer
        versuche ich zu vergessen.

Doch es gelingt mir einfach nicht.

Yahoos

Ein ziemlich betagtes Geschöpf,
eingehüllt in einer durchsichtigen
künstlichen Haut,
schleicht über die Straße,
triumphierend an mir vorbei
wie eine schwarze Katze
an einem dreizehnten des Monats
Trägt in der Hand die Heilige Schrift
und singt eine Sure vor sich hin
Vermeide jeden Blickkontakt,
nehme seine Anwesenheit jedoch widerwillig wahr
Ein Yahoo
von der schlimmsten Sorte
An der nächsten Kreuzung begegnen mir
zwei zweibeinige Kreaturen,
jung und anscheinend männlich
Die eine schwarz bemalt,
die andere mit einem Stück Wal
zwischen ihren weißen Zähnen
Sie bilden eine Leiter,
unter der ich hindurchgehe
Mit obszönen Gesten und ihrer kargen Wortwahl
ersehnen sie tatsächlich nach meiner Beachtung
Ein armseliger Versuch der Yahoos
mir zu imponieren
Lieber würde ich
im zerbrochenem Glas schwimmen
und mein Odium auf die Yahoos
der Welt verkünden
Soll die Flut sich um die morbiden Seelen
kümmern,
und der Wind sie zum Inquisitor führen

70